選手の目となり手となり足となる

越智貴雄・写真／文

童心社

選手の目となり 手となり足となる

まえがき

　パラスポーツでは、さまざまな形で選手を支える人たちがいます。

　道具を作る人たちには、選手の義足や義手を作る義肢装具士や、競技用の車いすを製作する人たち。そして、選手といっしょに競技に出場する、いろいろな役目の人たちがいます。

　5人制サッカーでは、視覚に障がいがある選手に、ゴールネットの裏側から声で指示を出す役目のガイド（コーラー）という人がいます。ボッチャでは、手でボールを転がせない選手が、傾斜のついたランプという道具を使うのですが、そのランプの角度を調整する役目の人がいます。

　水泳の視覚障がいクラスでは、ターンやゴールタッチのタイミングを、タッピングバーという長い道具で、頭や身体を叩いて知らせる役目の人がいます。自転車競技の視覚障がいクラスでは、２人乗りの自転車の後ろに選手が、前に選手を先導する役目のパイロットと呼ばれる人が乗り、選手といっしょに競技に出場します。マラソンの視覚障害クラスでは、選手とともに走る伴走者という役目の人がいます。

　選手をサポートする役目が多くあるのは、パラスポーツならではだと思います。かかわり方も気軽なものから、選手とともにトレーニングするアスリートレベルまで千差万別です。

越智貴雄

パラアスリートが競技をするときには、障がいに応じた、さまざまな道具を使います。

たとえば、手のない人は、手のかわりをする義手をつけ、足のない人は、足のかわりをする義足をはきます。

義手や義足を作る職人のことを義肢装具士と呼びます。そのなかで、スポーツをするための特殊な義足を、日本で初めて作った人が臼井二美男さんです。

臼井さんが働く鉄道弘済会義肢装具サポートセンターには、陸上やトライアスロンなどの選手がたくさんやってきて、義手や義足を作ってもらっています。選手のなかにはパラリンピックで活躍するパラアスリートもいます。

臼井さん自身も、2000年シドニー大会（オーストラリア）、2004年アテネ大会（ギリシャ）、2008年北京大会（中国）、2012年ロンドン大会（イギリス）、2016年リオデジャネイロ大会（ブラジル）の5大会連続でパラリンピックへ行き、パラアスリートの義手や義足が大事な試合で壊れたりしないよう、手入れと調整をしました。

もちろん、2020年東京パラリンピックでも、パラアスリートたちが思うぞんぶん力を発揮できるよう、彼らのそばでサポートをします。

[義肢装具士]

臼井二美男さん
うすい ふみお

難しい注文に「無理です」とはいわない。使う人がのぞむ義足を作る努力をする。

Fumio Usui

1955年群馬県前橋市出身。大学中退後、フリーター生活を経て、28歳のとき現職に就く。以来3000人以上の切断者のための義足製作に取り組むとともに、1989年にスポーツ用義足を日本で初めて製作、以後多くのアスリートを支える。1991年、切断者のための陸上クラブを創設、2017年より名称を「スタートラインTOKYO」とし、義足を装着してのスポーツを指導。2000年シドニー大会よりパラリンピック日本選手団のメカニックを担当。義足を通して、一人ひとりの人生を見守り続けている。第51回吉川英治文化賞受賞。

臼井さんは義手も義足も作りますが、特に義足をたくさん作ってきました。

義足には、ふだんの生活で使う義足とスポーツをするときに使う義足があって、臼井さんはどちらも作っています。

これまでに作った義足の数は1000本を超えるというから驚きです。

スポーツ用の義足を作るのはとても難しく、特別な技術と経験がなければ、選手一人ひとりに合った義足を作ることはできないといいます。

臼井さんは30年以上をかけて、スポーツ用の義足を作る技術と経験を積んできました。

臼井さんが義足を作るときに大切にしているのは、選手の足の状態をよく見ることと、話をよく聞くことです。

足を切断する人の多くは事故や病気が原因で、切断する場所は足のつけ根だったり、ふとももだったり、膝下だったりとさまざまです。

義足は何度も相談を重ねて、ていねいに手作りされる。

臼井さんは一人ひとりの義足ユーザーの希望や要望を聞いた上で、実際にはいたときの歩き方の癖、バランスや不具合などを確認して、微妙な調整を幾度も行い根気よくていねいに義足を作る。

だから、残った足は人それぞれ長さがちがいますし、肉のつき方や骨の形もちがいます。また、傷口が治るスピードも早い人もいればおそい人もいます。一つとして同じ状態の足はないため、一人ひとりに合った義足を作るのは、かんたんなことではないのです。

そこで、臼井さんは一人ひとりの足の状態をよく見て、義足をはく人の話をよく聞き、何度も何度も相談を重ねながら、ていねいに義足を手作りしています。

ときには難しい注文もありますが、臼井さんは決して「無理です」とはいいません。どうすれば注文に応えられるかを一生懸命考えて、使う人がのぞむ義足を作る努力をします。

ちなみに、義足はちょっと機械のようにも見えるので、工場で大量に作られていると思う人もいるかもしれません。でも、一気にたくさん作ることはできず、一つひとつ手作りされているのです。

一本の義足ができるまでには名人でも根気が必要だ。

　　本の義足ができるまでには、たくさんの手順があります。どれもこまかくて神経を使う作業ばかりです。

　特にソケットと呼ばれるパーツ作りは重要で、直接、足の切断部分にふれるため、足にしっかり合わないと痛くて、歩いたり走ったりできません。

　臼井さんもとてもていねいに、何度も調整をしながらソケットを作ります。義肢装具士の腕の見せど

ころといえるでしょう。

　このソケットとほかの部品を組み立てて、義足はできあがりますが、それで完成というわけではありません。できあがってから、実際に使う人にはいてもらい、痛くないかどうか、ゆるかったりきつかったりしないかどうかをしっかりと聞いて、こまかい調整をするのです。

　義足作りの名人といわれる臼井さんでも、初め

義足はたくさんのパーツを組み上げて作られる。
パーツはさまざまな工具や機械を使って、削った
り曲げたりしながら仕上げていく。

切断した足の断端を入れる部分は、
本人の足の形にしっかり合わせる
ために、透明でやわらかい素材で
仮義足を作るところから始める。

からぴったり合う義足を作れたことはないといいます。使う人から、「これなら痛くありません。だいじょうぶですよ」といってもらえるまで、根気強く義足を作りあげていきます。

さらに臼井さんは義足作りの合間に、新たに義足を作りたいという人の相談を受けたり、すでに使っている人の義足の調整もします。

また、遠くに住んでいる人が義足のことで何かこまったことがあると聞けば、出張をして直してあげます。

週に何回かは病院へ出かけていき、切断手術をして入院している人の義足作りについて、お医者さんと打ち合わせをし、義足を作る準備もします。

毎日、目の回るようないそがしさですが、「ぼくを頼りにしてくれている人がいると思うと、へっちゃらです」と臼井さんはいいます。

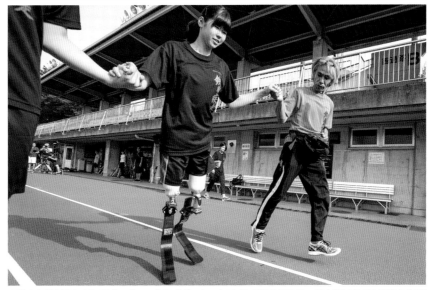

臼井さんが創設した切断者スポーツクラブ「スタートラインTOKYO」は、陸上競技場での練習会を30年も続けていて、クラブメンバーは10代から70代まで、日本各地から参加者が訪れる。

人生を前向きにふみ出す、きっかけ作りがしたい。

臼井さんは、なぜ日本で最初にスポーツ用の義足を作ろうと思ったのでしょう。

その理由は、たとえ身体に障がいがあっても、スポーツをすることで自分を表現したり、夢をかなえたりすることができるはずだと思ったからです。

臼井さんがスポーツ用の義足を作り始める前、義足の人はたいてい家に閉じこもっていたといいます。臼井さんはこの状況を変えて、障がいがあっても、前向きに人生を一歩ふみ出すきっかけ作りがしたいと考えました。

そんなある日、臼井さんはビデオ映像で、義足をはいて全力で走るアメリカ人の女性アスリートを目にしました。彼女はサラ・レイナートセンといって、泳いで自転車にも乗る競技「トライアスロン」でも活躍する有名な選手でした。

そのいきいきとした姿に衝撃を受けた臼井さんは、「日本人もこうなればいいのに」と、心の底から思ったそうです。

これがきっかけでスポーツ用の義足作りに挑戦し、成功と失敗を何度もくり返しながら、日本初のスポーツ用義足をあみ出しました。そして、いつしか、何人もの選手をパラリンピックに送り出し、サポートをするようになったのです。

臼井さんの義足で活躍するパラアスリートたち

臼井さんの義足をはいて活躍しているパラアスリートには、陸上走り高跳びの鈴木徹選手や陸上短距離と走り幅跳びの大西瞳選手、トライアスロンの谷真海選手や秦由加子選手らがいます。

鈴木選手は、2000年シドニー大会から2020年東京大会まで、6大会連続でパラリンピックに出場するレジェンドです。

また、大西選手は2016年リオデジャネイロパラリンピックの陸上100mと走り幅跳びに出場し、テレビ番組の司会もつとめる多才なアスリートです。

谷選手は、結婚する前は佐藤選手といって、陸上の走り幅跳びからトライアスロンに競技を変え、2020年東京パラリンピック出場を目指しています。

スポーツ用義足を装着する２人をサポートする臼井二美男さん（右）。
切断者スポーツクラブ「スタートラインTOKYO」の練習会で。

秦選手もトライアスロンで2016年リオデジャネイロパラリンピックに出場し、2020年東京パラリンピック出場をねらっています。

みんな事故や病気で足を失い、辛い経験をしましたが、臼井さんの義足と出会ったことで、走ることに喜びを見い出し、一歩ずつ夢に近づいていった人ばかりです。

まさに、障がいのある人生を前向きにふみ出すきっかけを、臼井さんからもらったといえるでしょう。

臼井さんのスポーツ用義足は、ほかにもランニングを楽しむ愛好家や子どもたち、パラリンピックを夢見てがんばる若い選手たちを、後押ししています。

ガイド（コーラー）● 5人制サッカー

選手を支え、いっしょに挑戦するサポーター

タッパー ● 水泳

アシスタント ● ボッチャ

パイロット ● 自転車

伴走者 ● 陸上競技

ゴールポストを叩きながら
シュートの角度やタイミングを伝える
その役割は選手の「目」だ

視覚障がいのなかでも最も重い全盲クラスの選手がピッチ上を駆けまわる5人制サッカー（ブラインドサッカー）。2004年のアテネ大会から正式種目に採用されたパラリンピックの花形競技です。見どころは、「見えているの？」と疑ってしまうような、選手たちの正確なパスやシュートです。

見えない選手たちにとって、一番大切な情報は「音」。試合では、転がると音の鳴るボールが使われます。その他にも、わずかな物音や息づかいなどさまざまな音を頼りに、選手たちはプレーしているのです。

「音」にまつわる、ブラインドサッカーならではのポジションが、"6人目の選手"とも呼ばれる「ガイド（コーラー）」です。ガイドの役目は、選手をゴールに導くこと。自ら

"6人目の選手"であるガイドは、攻守にわたり選手たちの目の代わりとなる。ゴールが決まれば全速力で選手に駆けより、抱き合ってともに喜ぶ。くり返し練習を重ねてきた、相手をあざむく連携プレーが決まれば、喜びもひとしおだ。

声を出したり、ゴールポストを金属の棒で叩いたりしながら、ゴールの位置やシュートの角度、タイミングを選手に伝えます。選手にとっては「目」の代わりとなる重要な仕事をまかされているというわけです。

ゴール裏で声を張り上げるガイドは
戦術の面でも重要なポジションだ

　ガイドの腕の見せどころは、味方の選手が相手ゴールに近づいたときだけではありません。PK（ペナルティキック）やFK（フリーキック）などのセットプレーのときも、呼吸を合わせて選手をゴールに導きます。日ごろからさまざまなシュートのパターンを確認しては練習をくり返し、試合本番ではフェイントも駆使して相手のディフェンダーをだまし、ゴールをねらいます。相手チームにフェイントを見破られ

ないように、ときには自分たちにしかわからない合言葉や音のサインを使うときもあるのです。
　5人制サッカーの試合に行くと、対戦しているチームのゴール裏で、声を張り上げるガイドの姿に目が行くことでしょう。戦術の面でも重要なポジションであるガイドと、選手たちのコミュニケーションに注目できるようになれば、観戦がより楽しくなるはずです。

アシスタントは選手が投球する間、
ずっと選手の方を向いていなくてはならない

ボッチャは、重度の脳性まひや、四肢機能障がいのある選手に向けて考案された競技です。選手たちは、投球エリアからコートに向けて、赤と青それぞれ6球ずつのボールを転がしたり、投げたりして、「ジャックボール（目標球）」と呼ばれる白いボールにどれだけ近づけられるかを競います。パラリンピックでは、1988年のソウル大会から正式競技として採用されました。日本代表は、2016年のリオデジャネイロパラリンピックの団体戦で銀メダルを獲得するなど、世界トップクラスの実力を持っています。

選手は、障がいに応じて「BC1」から「BC4」まで4つのクラスに分かれており、このうち「BC1」「BC3」「BC4（足蹴り）」では「アシスタント」と呼ばれるスタッフをつけることができます。アシスタントは、選手の指示にしたがって、車いすの調整をしたり、選手にボールを渡したりしますが、投球動作に入ってから選手にふれたり、手助けをすることはルールで禁止されています。選手にアドバイスをしたり、合図を送ったりすることもルール違反です。

特に障がいの重いクラスである「BC3」では、多くの選手がすべり台のような形をした「ランプ」と呼ばれる道具を使って競技を行います。自力でボールを投げることが難しいためです。その際、アシスタントは選手から投球の方向や角度の指示を受け、車いすやランプの位置を微調整します。なかには、言葉を発することが難しい選手もいますが、アシスタントは選手の視線や表情、まゆ毛の動きから指示を読み取り、的確に投球までのサポートを行います。

ランプを使って選手が投球を行う間、アシスタントはずっと選手の方を向いていなくてはなりま

言葉を発することが難しい選手でも、日ごろからアシスタントとコミュニケーションを取り、意志や意図をくみ取り合うことで、試合では驚くべき投球を披露する。直接的な手助けはできないが、アシスタントは選手の"分身"ともいうべき存在だ。

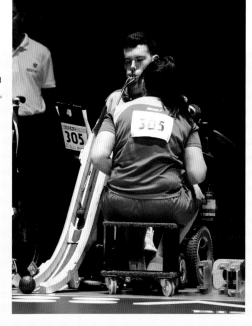

言葉を発することが難しい選手からは視線・表情・まゆの動きで指示を読み取る

せん。後ろを振り返って、投球の結果やボールの配置を確認することは禁止されています。それでも、長い時間をかけて選手とトレーニングを積み重ねてきたアシスタントには、後ろを見なくても投球の結果やゲーム展開を想像することができるといいます。また、相手選手の投球を観察することで、試合の展開を把握することもできます。アシスタントは、周囲の状況にアンテナを張って、常に情報収集をしているのです。

「私と選手で作り上げた教科書があります。教科書どおりにプレーできれば勝てる。よけいなことを書き足そうとすると負ける。自分

たちのプレーを信じることが大切なのです」

これは、あるボッチャ選手のアシスタントの言葉です。選手は、試合展開が悪ければ不安になってしまうときもあります。そのなかで、アシスタントといっしょにいつもどおりのプレーをする。それがボッチャで最も大切なことといえるでしょう。

黒子役に徹しながらも、選手にとっては不可欠な存在。ボッチャのアシスタントはまさに"縁の下の力持ち"なのです。

タッピングは競技の一部
一瞬の叩き方が勝負を左右する

スポーツ用の義足や車いすといった道具を使わず、身体全体を使い、純粋に泳ぎの速さだけを競うパラ水泳。障がいの種類や程度に応じて、選手それぞれが、ルールのなかで自分に合った泳ぎ方を工夫しています。

パラ水泳では、選手が障がいのためにできない動作を補ったり、選手の安全を確保したりするために、特別ルールが設けられています。その一つが「タッパー」の存在です。

視覚障がいの中でも最も重いクラスの選手たちは、競技の公平性を保つために、光の入らない「ブラックゴーグル」をつけて泳ぎます。タッパー

叩くタイミングと、強弱がバッチリ合ったタッピングが決まれば、タイムや順位が大きく変わる場合もある。選手によっては幼いころからつき合いのあるタッパーもいる。パラ水泳における"職人"のような存在。それがタッパーである。

の出番はターンやゴールのとき。選手たちはまったく見えないなかを泳いでいるため、そのまま泳ぐと壁に激突してしまいます。選手が壁に近づくと、タッパーが先端にスポンジのついた「タッピングバー（タッピング棒）」で選手をタッチし、ターンのタイミングやゴールが近づいていることを知らせます。視覚障がいのある選手は、タッパーが待ち構えていることで、安心して全力で泳ぐことができるのです。

　選手が壁に近づいたらタッピングバーでタッチをする。タッパーの仕事はシンプルですが、じつはとても奥が深いのです。なぜなら、選手によっ

て最適なタッチのタイミングが微妙に異なっているからです。

早すぎても、おそすぎてもダメ。また、軽くタッチするだけでは選手が気づかないときもあり、とても危険です。最適なタッピングのタイミングを探って、本番のレースでミスなくタッチする。タッパーと選手の間には、強い信頼関係が必要なのです。

「タッパーは自分の競技の一部。長い時間をかけてその選手の泳ぎを見て、叩き続けたことが、一瞬の差で決まる勝負を左右することもあるんです」これは、ある日本代表選手の言葉です。

　タッピングバーは、形がルールで決まっているわけではないので、タッパーと選手の工夫の結果が表れます。選手、また国によってさまざまなタイプがあります。大会に行ったら、タッピングバーや、タッパーの叩き方、叩くタイミングに注目してみるのもおもしろいでしょう。

パイロット
自転車

タンデムバイクでみせる
選手とパイロットの息の合った美しさは必見！

自転車競技の選手たちは、障がいの種類や程度に応じて、転倒しない3輪自転車（トライシクル）や、手でペダルをこぐハンドサイクルなど、異なるタイプの自転車に乗って競技にのぞみます。もちろん、一般的な2輪の自転車を使うときもあります。なかでも視覚障がいのある選手が乗るのは「タンデムバイク」と呼ばれる2人乗りの自転車。前に乗ってハンドルを操作するのは目の見えるガイド役。「パイロット」と呼ばれます。選手は後ろに乗り、パイロットと呼吸を合わせて自転車をこぎます。ロードレースでは数十キロを走る間、パイロットと選手の息の合ったペダリン

空気抵抗を極限までおさえるために、パイロットと選手がぴったりくっつくようにライディングフォームをとり、身体を傾けてカーブを曲がっていく。タンデムバイクではあるが、乗っているのは一人の選手のようだ。

グが勝敗を大きく左右します。

　パイロットの多くは、みずからも自転車競技の選手。なかにはオリンピックのメダリストだったり、日本の競輪選手だったりと、トップクラスの実力を持つ人もいます。レースで鍛えた判断力を武器に、選手をリードします。リオデジャネイロパラリンピックでは、鹿沼由理恵選手と、競輪選手でもある田中まいパイロットのコンビが見事銀メダルを獲得しました。

　でも、パイロットがいくら強い選手でも勝てるとは限らないのが、この競技のおもしろいところ。選手は、コーナーを曲がるときにはパイロットの

ハンドル操作に合わせて身体を傾け、パイロットのペダリングに合わせて足を動かし続けなくてはなりません。

　タイミングのズレは、すぐさまタイムロスとなって返ってきます。2人の呼吸がタイムでわかる、とても厳しい競技でもあるのです。まるでお互いの影になっているかのような、選手とパイロットの美しいシンクロ。それが、一流のパラサイクリストの証といえるでしょう。

競技中、伴走者は選手に周りの状況を伝えられるが「がんばれ」と応援はできない

「10m先、右直角。右〜右〜」「上り坂、あと5mで終わります」など、伴走者は選手に必要な情報を具体的に、短くわかりやすく伝える。ときには、景色や応援の様子なども伝え、選手をリラックスさせる声かけも大切だ。

視覚障がい者の陸上競技は、公平に競えるように障がいの程度によって重いほうからT11（全盲＝見えない）、T12（重度弱視＝かなり見えにくい）、T13（軽度弱視＝見えにくい）の3クラスに分かれて競います。ルールではT11の選手は全員、伴走者（ガイド）と走り、T12は伴走者と走るか一人で走るかを選手が選択でき、T13は全員が単独で走ると決められています。

人間は外界からの情報の約80％を視覚から得ているといわれます。伴走者の役割は、見えない、または見えにくい選手の目の代わりとなり、安全第一に選手をゴールまで導くことです。進む方向を案内し、コース上の凹凸や坂道といった路面の変化、他の選手との距離や周りの状況などを言葉で伝えます。また、選手の代わりに時計を見てペースを管理し、給水コップを取るなども大切な役割です。

選手と伴走者は輪っか状にしたロープを互いににぎり、手足の動きを合わせて走ります。気持ちも合わせることが大切です。マラソンは本来、個人競技ですが、伴走者と走る視覚障がい者マラソンは「チーム戦」といわれます。伴走者の声かけや判断力が試合におよぼす影響は少なくないからです。ただし、試合では、「がんばれ」といった応援や、選手より先にゴールすることは禁止です。あくまでも、選手のサポート役なのです。

ゴールは選手から
伴走者はあくまでもサポート役だ

伴走者と走る視覚障がい者マラソンは「チーム戦」。大勢の伴走者と"きずな"でつながり、"きずな"をはぐくみ、力にする。きつい練習も辛いレースも、みんなで乗り越えた先に、最高の笑顔が待っている。「一人で走っているみたい」は伴走者を称える最高の言葉だ。

選手と伴走者の間にいかに信頼関係をきずくかも重要で、二人をつなぐ伴走ロープを別名「きずな」と呼ぶのも、そんなところに理由があるのかもしれません。2016年リオデジャネイロパラリンピックの女子マラソン銀メダリストの道下美里選手は、伴走者と走りながら、「一人で走っているような感覚」になれるほど自由にのびのび走れると話します。

　余裕を持って伴走するには、伴走者に選手よりも高い走力が求められるので、選手と走るだけで

なく個人でトレーニングを積んだり、日常的に意識を高く持ち心身ともに調子を整えることも欠かせません。

　大会によって規定が異なりますが、パラリンピックなどの公式大会では現在、5000m以上のレースでは伴走者は最大2人までつけることができ、例えばマラソンでは10㎞、20㎞、30㎞のいずれかの地点で交代するルールになっています。

　とはいえ、選手は常に全力で走るわけではありません。日々の練習のなかでは、ゆっくり走ったり、ときにはウォーキングで体をほぐしたり、そんな日もあります。試合で伴走する人以外にも練習の時間や内容に合わせて伴走する人が大勢います。また、ルールで決められたT13の選手

だけでなく、T12の選手のなかにも一人で走る選手もいます。でもみんな、何らかの「見えにくさ」を抱えているので、練習では安全のため選手の前や横を走ったり、給水のサポートなどで支える人たちがいます。

　2012年ロンドンパラリンピックの陸上5000mで、T11の和田伸也選手を伴走し銅メダル獲得に貢献した中田崇志ガイドはよく、「試合では、大勢の伴走者の代表者と思って走っています」と話します。

　見えない、見えにくいなかで勇気を持って力強く走る視覚障害ランナーたちはもちろん、陰で支える大勢の伴走者の存在にも思いをはせながら、ぜひ大きな声援を送ってください。

挑戦する研究者たちに
話を聞く！

私は現在、「産業技術総合研究所」という国立の研究機関で働いています。専門は「バイオメカニクス」。ひとことでいうと、生き物の仕組みや動き方を調べて、さまざまなことに生かすための学問です。研究の対象は人間だけではありません。ありとあらゆる動物や、昆虫などもふくまれます。私はその中でも、「義足と人間」に関する研究をしています。特に力をいれて取り組んでいるのが「義足アスリート」に関する研究です。例えば、最先端の技術を使って、義足アスリートがどうして速く走れるのか、遠くに跳べるのかを調べて発表したり、世界中で販売されているスポーツ用義足を集めてきて、機能や性能を調べたりしています。最近では、調べてきたデータを生かして、陸上競技でパラリンピックに出場する義足アスリートや、ものづくりの専門家といっしょに新しいスポーツ用義足の開発もしています。

そもそも「義足」とはどのようなものでしょうか？　世の中には、事故にあったり、病気になったりして、手や足をなくしてしまう人がいます。その結果「義手」や「義足」といった人工の手や足を身につけて生活をする人がいるというわけです。重要なことは、義手を使って何かをつかんだり、義足をつけて歩いたり、スポーツを楽しんだりすることができるということ。義手や義足は、日常生活を送るうえで大切な道具なのです。

スポーツ用義足の研究開発

保原浩明さん
ほばら ひろあき

研究者に必要なものは、好奇心・情熱・情緒 そして、調べてわかったことに感動することだ。

Hiroaki Hobara

国立研究開発法人産業技術総合研究所／人工知能研究センター主任研究員。
宮城県生まれ。早稲田大学大学院博士後期課程修了。博士（人間科学）。国立障害者リハビリテーションセンター研究所、日本学術振興会特別研究員（PD）、University of Maryland-CollegePark を経て2013年に産業技術総合研究所に入所。義足ランナーの動作解析および大規模データ分析に取り組む。

「板バネ」は製造するメーカーによっても特徴が異なる。素材は同じカーボンでも、選手の好みや競技レベルに合わせて硬さや義足の角度を調整することができる。海外では義足ランナーのことを「ブレード・ランナー」と呼ぶこともある。

義足のアスリートが、オリンピックとパラリンピックの壁を壊そうとしている。まだ大きな可能性が眠っていると感じた。

ここからは、私の得意分野である「スポーツ用義足」に関してお話していきます。義足の種類は、大きく2つに分かれています。日常生活用とスポーツ用です。スポーツ用義足の特徴は「弾む」ということ。地面からの反発を受けて、跳んだり走ったりすることがよりかんたんにできるようになっています。もともと、飛行機や宇宙船の部品に使われていた、「カーボンファイバー」という軽くてじょうぶな素材で作られていて、バネのように曲がった形をしているので「板バネ」とも呼ばれています。世界には、このスポーツ用義足をはいて、100mを10秒台で走ったり、走り幅跳びで8m以上跳ぶ選手もいるんですよ。

私は縁があって義足アスリートに関する研究をするようになりました。大学生のとき、私は「スポーツ科学者」になりたいと思っていたのです。トップアスリートの身体を解析して、どうすればその人たちがより良い記録を出せるのかを考える仕事です。でも残念ながら、そのまますぐにスポーツ科学者の仕事につくことはできませんでした。最初の勤め先は「国立障害者リハビリテーションセンター」というところでした。ケガをした人や障がいのある人が、よりよく生活することができるようにサポートをする仕事です。そこで、たまたま「義足」を手にすることになりました。義足は、生身の足とはちがって、スムーズに動かすには練習が必要で

「板バネ」がスポーツ用なら、ふだんの生活用により人間の足に近い部品もある。膝上で切断している人は「膝継手」という膝関節にあたるパーツを使う。足の切断面を入れる「ソケット」という筒状の部品はどの義足にも不可欠なものだ。

世界トップクラスで活躍する義足の陸上選手たち。日本の山本篤選手（写真上）は、パラリンピック2大会で走り幅跳びのメダルを獲得している。スキンヘッドとダイナミックな跳躍が持ち味だ。義足の上手な使い方も知りぬいている。

す。そこで、義足を使っている人がより速く歩いたり、階段や坂道をスムーズに上り下りしたりするための研究をすることになったのです。

そんなある日、私はインターネットの動画でとあるアスリートの映像を見て衝撃を受けました。南アフリカのオスカー・ピストリウスという陸上競技の選手で、両足の膝から下が義足だったのです。手足のある短距離選手にまざってレースに出場した彼は、上位でゴールしました。ピストリウス選手は2008年の北京パラリンピックの100m、200m、400mで優勝すると、2012年にはパラリンピックの枠を飛び出して、ロンドンオリンピックにも出場することになります。

「どうして、この人は義足でこんなに速く走れるんだろう？」そのときにふと、「スポーツ科学者になりたい」という昔の夢を思い出しました。一人の義足のアスリートが、オリンピックとパラリンピックの壁を壊そうとしている。義足であんなに速く走れる人がいるということは、リハビリテーション研究には、まだ大きな可能性が眠っているんじゃないか。そう考えたときに、義足のリハビリテーション研究と、もともと専門にしていたスポーツ科学を合わせて、スポーツ用義足の研究をしてみようと思いついたのです。

義足で走ると身体にブレーキがかかりづらいと研究でわかった。

当時の日本では同じような研究はほとんどされていませんでした。そこで私は、アメリカの大学でこの分野に関する研究を始めました。驚いたことは、いくら調べても参考になる資料がないということ。そんなとき、多くの人はあきらめてしまうかもしれませんが、私は逆でした。「参考になるものがないなんて、おもしろいじゃないか」と思ったのです。その気持ちがガッツに変わって研究に没頭していきました。約1年間のアメリカでの研究をへて、今働いている産業技術総合研究所で研究を継続しています。

ところで、世界トップクラスの義足アスリートたちは、なんでこんなにも速く走ることができるのでしょうか。研究をするなかでわかってきたことは、義足で走ると身体にブレーキがかかりづらいということです。みなさんが走るとき、足を地面に着く瞬間がありますよね？　あのときに、身体にはブレーキがかかっています。ブレーキが極力かからないようにすれば、それだけ走るスピードも速くなる。義足のトップ選手の速さの秘けつの一つはこんなところにもあるのです。

産業技術総合研究所の内部。保原さんは、特殊な改良を加えたランニングマシンで、義足ランナーをふくむさまざまな人の走り方や歩き方の特徴や癖を解析している。義足は人間がはくもの。データは義足の製作技術と同じくらい大切だ。

究をしていると、難しいこともあります。例えば、新しいスポーツ用の義足を開発して、選手にはいてもらったとき。私たちが研究を重ねて開発した義足があるとしますね。ところが、選手がその義足を良いと感じるかはわからないのです。「これまでずっと使ってきた義足の方がいいな」と感じてしまうときもあるわけです。

ある陸上競技大会のときの話です。私たちがサポートしている選手にとっては、とても大切な試合でした。新型の義足をはくか、それまで使っていた義足を使うか、私たちは「好きな方をはいていいよ」と選手にまかせることにしたのです。競技場に現れた選手が、新型の義足をはいているのを見たとき、そして良い記録が出たときは、いっしょに開発をしたメンバーの人と抱き合って喜びました。新しいものを押しつけるのはよくないし、「前の方がいいです」といわれてすぐに引き下がるのもよくない。選手に少しでも良い記録を出してほしいから、研究データと、選手の感覚をすり合わせていくことが大切です。

だれも知らないような
人間の構造や法則を明らかにしたときは、
夜、眠れなくなるぐらいうれしい。

　今の仕事でやりがいを感じるとき。それはなんといっても新しいことを知ったときです。だれも知らないような、人間の構造や法則を明らかにしたときは、夜、眠れなくなるぐらいうれしいのです。

　私は涙もろくて、すぐに感動してしまいます。だからこそ、小さな発見に大喜びしてしまうのです。そういう意味では、研究者に必要なものは、好奇心

と情熱、それから情緒だと思っています。「なんでだろう？」と思って調べて、わかったことに感動する。反対に、「こんなの当たり前だよ。もうだれかが調べているよ」と思ってしまったら、新しい発見に出会える確率は下がっていくのかもしれません。初めて義足のアスリートを見たときや、パラリンピックを観たときの驚きを、わすれないようにしたいものです。

「義足で走ることをもっとかんたんに」という保原さん。スポーツ用義足はパラリンピック選手だけがはくものではないからこそ、社会に対してできることを常に考えている。東京パラリンピックが終わっても、保原さんのチャレンジは続く。

義足のアスリートが、障がいのない選手よりも速く走ったり、遠くまで跳んだりするようになってきました。でもその選手たちは、最初から速く走れていたわけではありません。ものすごい努力をして、速さや強さを手に入れていったのです。ですから私は、義足で歩く、走る、速く走るという、「義足と人間」に関する根っこの部分にある謎を、もっと追究していきたいと思っています。新しい義足の研究開発も、もちろんおもしろいのですが、「義足で走る」ということを、もっとかんたんにしていきたいと思っているのです。どうしても手足があるのが「ふつう」で、一番よい状態だと思われてしまうけれど、義足の人のほうが速く走ることもある。「ふつうってなんだろう」そう考えるだけでも、おもしろいと思いませんか?

HONDA
The Power of Dreams

年記念モデル "勝利の笑顔をアスリートに

HONDA

「ホンダ」と聞いて、みなさんはどのようなものを思い浮かべますか？　やはり、街を走っている自動車でしょうか。それとも、オートバイでしょうか。くわしい人は、轟音を立ててサーキットを疾走するＦ１マシンや、大空を飛ぶ飛行機（ホンダジェット）を思い浮かべる人もいるかもしれませんね。そんな会社が、陸上競技用の車いすを作っていると聞いたら、驚く人もいるでしょう。ホンダでは、パラスポーツの陸上競技で使用するフルカーボンフレームの車いすを開発しているんです。

陸上競技用の車いすは「レーサー」とも呼ばれています。その名のとおり、レーシングカーを思わせるような、スリムで流れるような形をしています。実際にひと目見たら、「これが本当に車いす？」と思うかもしれません。

レーサーは、前１つ、後ろ２つの合計３つの車輪と、軽くて、じょうぶなフレームからできています。ホンダ製の「翔」というレーサーのフレームには、Ｆ１やホンダジェットの開発で培ったカーボンの技術が取り入れられています。カーボンとは、ロボットの部品や、飛行機、宇宙船に使われるような、軽くてじょうぶな素材です。

車いす「レーサー」の研究開発

髙堂純治さん
たかどう じゅんじ

かっこよさ、機能安全性、選手の笑顔。
この３つをテーマにして
いいマシンを作りたい。

Junji Takado

本田技術研究所・先進技術研究所／研究開発主事。1958年秋田県由利本荘市出身。東北大学大学院卒業。専門は熱流体力学。1987年、本田技術研究所入社。航空機エンジン、燃料電池自動車の研究開発を経て、2010年から車いす「レーサー」の研究開発に取り組む。

極限までむだを削ぎ落としたホンダの車いすレーサー「翔」。ボディだけでなくホイールも自社開発している。必要な機能を維持しつつもシンプルに仕上げるには、高い技術力とアイデア、そして選手の感覚をくみ取る「聴く力」が必要だ。

レーサーは、後輪に挟まれたシートに人間が座って、車輪を自分の腕でこぐことで前に進みます。乗り方は、正座をするように足を折りたたむか、障がいによって腹筋や背筋を使うことができない選手は、重心が後ろになるように座ります。進む方向を変えるときは、手元にあるハンドルを使って前輪を操作しながら、左右の体重移動をうまく使って曲がっていきます。ハンドルの位置が前輪の近くにあるので、選手は自然と前屈するような姿勢

になり、まるでマシンと人間が合体したかのように見えます。

どれくらいのスピードが出るのかというと、平らな道では時速30km、下り坂では時速70kmほどにもなります。42.195kmあるフルマラソンでは、1時間30分くらいでゴールしてしまうんですよ。人間の体がエンジンになってレーサーを操作し、このスピードを生み出しているのです。

私の役割は、開発チームと
実際にレーサーに乗る選手の声をつなげる橋渡し。

私は今、車いすレーサー開発チームのリーダーをしています。チームの役割分担は、まず、カーボンの材料特性をくわしく調べて、どうすれば軽くてじょうぶにできるか、走行時の振動をおさえることができるか、などを研究開発するチームがあります。軽くて安定性のよい車体は、速く走るために不可欠な条件だからです。

そこで生まれた研究成果をもとに、ホンダとタッグを組んでいる自動車部品メーカーが図面に起こし

ます。車体の型ができたら、カーボンを貼りつけて、だんだんとレーサーが姿を現していくのです。

私のチームのなかでの役割は、開発チームと、実際にレーサーに乗る選手の声をつなげる橋渡し役。つまり、製作したレーサーに、選手に実際に乗ってもらって、感想を聞いて、さらに良い車体を作るために生かしていくという仕事です。

フレームを成型するとき、
選手の好みや乗り心地に合わせて、
素材をブレンドする。

私はホンダに入社して、もともとは、航空機用のガスタービンエンジンの基礎研究を担当していました。となりには、航空機の機体の基礎研究を担当するチームがいて、カーボンを使った軽くてじょうぶな機体作りにはげんでいます。私たちもふだんからコミュニケーションをとっていました。

ある日、その技術を生かして、レーサーの開発に取り組んでほしいといわれました。当時のレーサーはアルミ製が主流でしたが、世界初のフルカーボンレーサーを完成させるべく試行錯誤を重ねていっ

たのです。開発を進めていくなかで、障がい者スポーツの世界を知り、「こんな世界もあったんだ」と夢中になっていきました。最初は3、4人という少ない人数でやっていたのですが、メンバーもだんだんとふえ、今では会社をまたいだチーム編成で開発に取り組むまでになりました。

レーサーを作るときのこだわり。それはなんといっても「かっこいいものを作りたい」ということ。パラスポーツを、「かっこいいスポーツ」として表現したいと思っています。少しでも多くの人

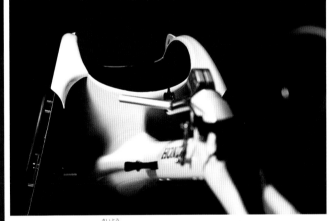

今日、多くの自動車で採用されている「モノコック構造」が、ホンダのレーサーにも適用されている。軽くてがんじょうなボディが選手を包み込むように支える。選手のパワーを効率的に引き出すために、細部まで考えぬかれたボディデザインだ。

に、自分もやってみたい、観てみたいと思ってもらえることを目指しています。

でも、ただかっこいいだけではだめで、当然、機能性や安定性と両立していなくてはなりません。だからこそ、いろいろな選手の声を注意深く聴いて、開発に生かしていくことが大切なのです。

例えば、新型の「翔」というマシンでは、フロントのステアリングダンパーパーツ（ハンドルの振動をおさえるための装置）が、フレームのなかにすべて格納されています。通常のレーサーであれば外に出てい

る部品ですが、かくすことで走行安定性がましています。それに、見た目もすっきりしていてかっこいい。これは、南アフリカのエレンスト・ヴァン・ダイクという車いすマラソンの選手からのリクエストに応えた仕組みでもあります。

また、フレームの成型をするときにカーボンのシートを貼りつけていくのですが、全部同じカーボンではなくて、別の素材をブレンドすることもあります。それも選手の好みや、求める乗り心地にすべて合わせているのです。

選手からの科学的な裏づけがあるあいまいな言葉、それを受け止めて技術に置きかえていく。

「翔」の全体像。アルミやチタン、もしくはアルミとカーボンのミックスで作られていたレーサーのなかで、ホンダが世界で初めてフルカーボン化を実現したのは2002年のこと。それから改良を重ね、2019年に現在のモデルが完成した。

レーサーの開発で特に気をつけていることは、選手との対話です。専門用語を使ってしまうと選手も身構えてしまったり、混乱してしまったりする。ですから、難しい言葉は極力使わずに、選手の言葉をそのまま引き出すような会話を心がけています。選手たちは、より強く、速くなりたいと思っています。そんな彼ら、彼女らの言葉を受けて、設計をどうするかというのはわれわれの仕事ですからね。あいまいな言葉でも、科学的な裏づけがあるもの。選手の言葉を受け止めた上で、それを技術に置きかえていくというわけです。

やりがいを感じるのは、やはり選手の笑顔を見たときです。私たちが作ったレーサーに乗ったアスリートが勝つ。これほどうれしいことはありません。ホンダは、世界中で開催されるF1グランプリやMotoGP（ロードレース世界選手権）などのバイクレースに参戦していますが、それらのレースで勝利したときに、マシンの開発者やメカニックが感じる喜びと同じようなものがあると思います。1959年からモータースポーツに参加しているホンダには、レース好きの人間たちが集まっていますから。

「選手の笑顔が一番うれしい」という高堂さん。ホンダのマシンに乗ったアスリートが世界新記録をマークするなど、新型マシンは期待にたがわぬ走りを見せている。さらなる"速さ"を求めて、高堂さんは今日も選手や技術者と向き合う。

スイスに、マニュエラ・シャーという女性の選手がいます。彼女は世界中の車いすマラソンレースで優勝を重ねていますが、2019年11月の大分国際車いすマラソンでは、3週間前に初めて乗った「翔（かける）」で世界新記録（1時間35分42秒）を出しました。かっこいいレーサーに乗れば気持ちも高ぶりますから、「これに乗って勝ってやろう」とふるい立つという効果もあるのかもしれませんね。

今後のテーマは、"エンジン"、つまり選手の力を最大限に引き出すということです。良いマシンは完成しつつあるのですが、選手が乗らないことにはただのボディでしかないわけです。ですから、選手がレーサーをこぐときの力やその方向がすべて目に見えるような装置（そうち）や解析（かいせき）ソフトも開発しました。選手にデータを見てもらいながら、より力強くレーサーをこぐことができるように意見交換（こうかん）をしています。

「かっこよさ」と「機能安全性」、それから「選手の笑顔」。この3つをテーマにして、私たちは、良いマシンを作り、パラスポーツの発展に貢献（こうけん）していきたいと思っています。

あとがき

　私が尊敬する義肢装具士の臼井二美男さんとの出会いは、2000年のシドニーパラリンピックでした。当時、義足の選手が日本からパラリンピックに出場するのは初めてで、その義足を製作して選手と同行していたのが臼井さんでした。仙人みたいな人だなというのが第一印象です。

　その後、臼井さんの活動を知れば知るほど会えば会うほど、すごい人だなと思います。臼井さんは、平日は鉄道弘済会義肢装具サポートセンターで勤務しながら、平日の夜や休日に、ご自身が主宰する義足の陸上クラブの練習に参加し、その合間をぬって義足の体験会や講演会で全国をまわられています。スケジュールがあいている限りどんな依頼も断らないと聞いています。還暦を過ぎても変わらず精力的に活動されているので「いつお休みになられているのですか?」とたずねると、「ぼく、身体じょうぶなんだよねー」とサラッと答えられる、風のように軽やかな魅力あふれる方です。

　あるとき、臼井さんが「まだまだ義足をかくさなければいけない
と考える人がいるんだ」「いい靴をはきつぶすのと同じで、いい義
足ほど、はきつぶされて形に残らないんだよねー」とつぶやかれ
た言葉がずっと私の頭に残っていて、それならば臼井さんの作っ
た義足を写真で形に残そうと思い立ち、義足をかくさずどうどう
と見せている女性を撮影する「切断ヴィーナスプロジェクト」を始
めました。このプロジェクトは現在も続いていて、写真展、トーク
ショー、ファッションショー、写真集と展開が大きく広がり、共感
する人、サポートを申し出る人、モデル志望の人など、たくさんの
方がたとごいっしょできる、さらに大きな渦になっています。

　　　　　　　　　　　　　　　　　　　　越智貴雄

越智 貴雄 ●おち たかお

1979年大阪府生まれ。大阪芸術大学写真学科卒業。
2000年からパラスポーツの取材に携わり、競技者としての生きざまにフォーカスする視点で撮影・執筆を続けている。
他にも、義足のファッションショーや写真展、トークショー等の開催や、ラジオやテレビ出演など多方面にわたって活動
している。写真集『切断ヴィーナス』『あそどっぐの寝た集』(共に白順社)。一般社団法人カンパラプレス代表理事。

執筆協力 ──────── 高樹ミナ(たかぎ・みな)──── P4 ~ 13
スポーツライター・コメンテーター。2000年シドニー、04年アテネ、08年北京、10年バ
ンクーバー冬季、16年リオ大会を取材。『転んでも、大丈夫』(臼井二美男・著/ポプラ社)、
『美宇は、みう。』(平野真理子・著/健康ジャーナル社)他で編集協力。日本スポーツプ
レス協会会員。

星野恭子(ほしの・きょうこ)──── P26 ~ 29
新潟県生まれ。会社員、留学、ウェブサイト記者を経て、フリーに。パラリンピックは
2008年北京大会から夏冬6大会を現地で取材。著書に『伴走者たち~障害のあるランナー
をささえる』『いっしょに走ろっ!~夢につながる、はじめの一歩』(共に大日本図書)など。

吉田直人(よしだ・なおと)──── P16 ~ 25、P30 ~ 45
1989年千葉県生まれ。広告会社勤務を経て、フリーライターとして活動中。スポーツ、
社会問題を中心に、国内外で障がい者スポーツの取材を継続的に行っている。共著に
『WHO I AM パラリンピアンたちの肖像』(集英社)がある。

撮影取材協力 ──────── SPORTRAIT

協力 ──────── 公益財団法人 日本障がい者スポーツ協会
国立研究開発法人産業技術総合研究所
株式会社本田技術研究所(P44「翔」全体写真提供)

パラアスリートたちの挑戦③

選手の目となり手となり足となる

2020年3月19日　　　第1刷発行

写真・文 ──────── 越智貴雄

ブックデザイン ──────── 須藤康子
DTP ──────── 由比(島津デザイン事務所)

発行所 ──────── 株式会社　童心社
〒112-0011　東京都文京区千石4-6-6
電話　03-5976-4181(代表) 03-5976-4402(編集)

印刷・製本 ──────── 図書印刷株式会社

©Takao Ochi 2020 Published by DOSHINSHA Printed in Japan
ISBN978-4-494-01859-8　NDC780 30.3×21.6cm　47P